賽雷三分鐘漫畫中國史

賽雷 著

王朝劇場直播中 ❷

【秦朝～東漢】

楚河 漢界

目　錄

1
秦朝篇（上）

統一文字的是他，焚書坑儒的也是他

西元前二二一年，嬴政率領秦國軍隊徹底消滅其他諸侯國，為戰國時代畫上句號。

在中國這片廣闊的土地上，一個龐大的新王朝誕生了……

秦 朝

風光無限的嬴政決定稱自己為始皇帝。

🗨️ 因為他覺得稱「王」不足以突顯他的豐功偉業，什麼「皇」、「帝」感覺也少了些霸氣，索性就加起來叫「皇帝」，前面再加個「始」，表示自己是第一位皇帝。

🗨️ 風頭是出了，但還有一堆問題等著他解決。
畢竟以前只用統治秦國那塊地，現在戰國七雄的地盤都歸他了。

該怎麼管才好？如果這問題沒處理好，秦朝很快又會四分五裂。
秦始皇的想法是：

從經濟到文化全面融合。

以前戰國七雄是各玩各的，自己怎麼開心怎麼來，每國寫的文字不同，每國用的錢幣不同，就連馬車的尺寸都不一致……

你看你們寫的是人能看得懂的字嗎？

🕮 雖然諸侯國已經不存在了，但這些經濟、文化上的隔閡卻依然存在於民間。

🕮 於是秦始皇一聲令下，全國文字統一用秦國的小篆；全國的錢幣統一用秦半兩；馬車的寬度也有固定尺寸，方便修建統一標準的道路。

這就是史上著名的「車同軌，書同文」政策。

這個政策實施後，原各諸侯國的老百姓互相之間的交流往來、做生意，都比之前方便了。

而秦始皇的另一項政策，就是實行三公九卿制＋郡縣制。

戰國時代，各諸侯國的官僚制度很混亂，經常是出事才臨時找人來處理。

請大人為我伸冤啊！

這次輪到你來處理了！

胡說！昨天就是我，今天明明到你了！！

而秦始皇設置三公九卿，其實就是十二個固定的官職。

他們明確分工，劃好責任，處理全國各方面的事務。

📖 專人專用，幹活效率就高很多。

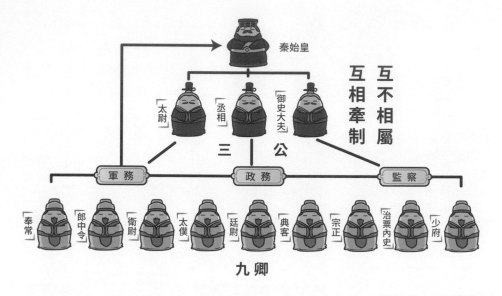

📖 郡縣制則是周朝分封制的替代品。

周朝把天下分給諸侯，大家都知道下場，國家四分五裂，直接導致春秋戰國的大亂鬥。

不要打了！你們不要打了！

🔖 而秦始皇青睞的郡縣制，則是把全國分為若干個郡，郡分成 N 個縣，縣又分成 N 個鄉，交給各級地方官打理。

🔖 地方官不像諸侯能世襲，年紀大了，或者沒做好，秦始皇就會讓你退位。

一個完整的權力金字塔至此成形，秦始皇坐在高高的塔頂，遙控指揮著這個龐大帝國。

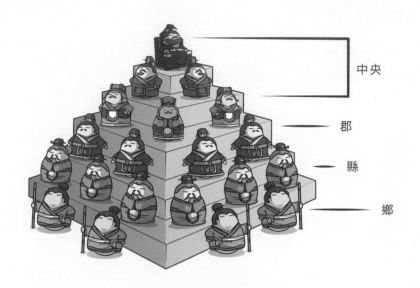

中央
郡
縣
鄉

但並非所有人都滿意秦始皇的這些政策，西元前二一三年，秦始皇的一位顧問上書懇請恢復分封制，他的想法很簡單：

古人搞出分封制，總有他的好處！

怎麼能隨便說改就改？

這種沒有理由的理由，秦始皇聽了真的想笑。但他笑完後覺得事情不簡單，因為這證明天下還有很多人和他的想法不同。

怎麼辦呢？秦始皇果斷決定消滅這些思想 —— 殺掉這些人！

民間收藏的諸子百家作品，像《詩經》、《尚書》等，還有其他諸侯國的史籍，一律要上繳拿去燒掉。

很多儒生也被秦始皇下令活埋……

🍵 後世很多人評價：焚書坑儒對中國傳統文化造成毀滅性打擊。

當時朝廷上有不少人反對，覺得秦始皇做得太超過了，但沒人敢開口，都怕自己也被扔進坑裡。

🍵 唯一敢站出來說話的是秦始皇的大兒子——未來的皇位繼承人扶蘇。

他本以為靠著父子情能勸一勸老爹，結果秦始皇直接把扶蘇發配邊疆。

秦始皇不僅對內處心積慮……

秦朝的南邊，就是今天廣東、廣西等地，生活著不肯臣服的百越部落。
而在秦朝的北邊，游牧民族匈奴同樣是個大威脅。

西元前二一九年，秦始皇派五十萬大軍進攻百越。
西元前二一四年，他再次發動攻勢，滅西越，又攻占南越，最終統一嶺南。

📖 西元前二一五年，秦始皇還派三十萬人北上攻打匈奴。

📖 出於戰爭的需要，秦始皇下令修了兩個大工程：靈渠，征伐百越時用來跑船，運輸士兵和糧草；秦長城，用於防禦匈奴。

為此，他又徵調幾十萬壯丁沒日沒夜地趕工，不少人活活累死。

雖然不知道孟姜女是不是真的存在，但可以肯定的是 —— 當時絕對有很多妻子再也沒等到自己的丈夫回來，把眼淚都哭乾了。

🗨 什麼打仗、什麼修長城，功勞都是記在秦始皇頭上，但說到底也不是他親自上陣幹活、賣命。

🗨 老百姓沒有秦始皇的雄才大略，理解不了修長城的偉大意義。

更何況秦始皇在另一頭還叫七十萬人，花費無數金錢和材料修陵墓和度假別墅給他……

🗨 秦始皇的腦袋只知道，他已經解決所有敵人，消滅所有隱患，秦朝將統治千秋萬代。

當他發現自己隨著歲月流逝，一點一點變老時，才驚覺還有個看不見的敵人——壽命。

於是他開始一生中最艱難的戰役——追尋長生不老。

他養了許多術士煉仙丹，還派人到海外去找神藥。

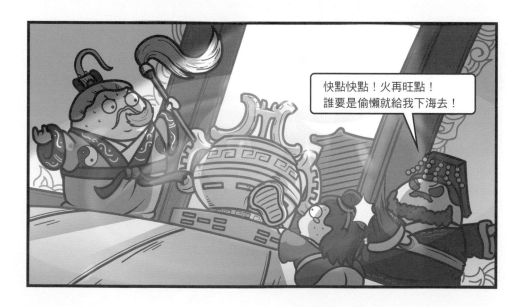

📖 他也沒閒著，帶上一堆僕人、士兵出門，到全國各地的名山祭天，準備向天借個五百年用用。

📖 老天爺不會開口說話，你也不知道祂到底有沒有答應。

所以秦始皇只能繼續到處祭天，幾年間就巡遊四次，同時還替自己修陵墓，做好兩手準備。

西元前二一〇年，秦始皇踏上第五次祭天之旅。

依然是超大排場和浩浩蕩蕩的車隊，所到之處，老百姓爭相圍觀。

雖然他們被秦始皇折騰得很煩，但統領天下的皇帝真到了面前，那股威壓感還是讓人忍不住想去瞧瞧。

🍤 但圍觀的人群中，有一個二十二歲的小鮮肉，沒有像其他人那樣露出一臉稀奇的表情，而是不屑地看著秦始皇的車隊說了句：

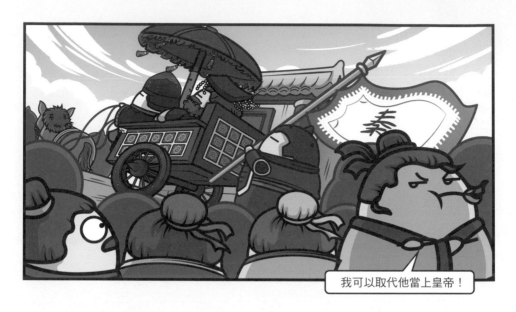

我可以取代他當上皇帝！

🍤 這個小鮮肉的名字叫項羽。

而在不久的將來，他將會親手埋葬秦朝！

2
秦朝篇（下）

二千多年帝王時代的真正開篇

西元前二一一年，對秦始皇來說是相當煩心的一年，有塊隕石從天上掉了下來。

這本來是正常的天文現象，但秦始皇派手下去查看時，發現隕石背後刻著七個字——

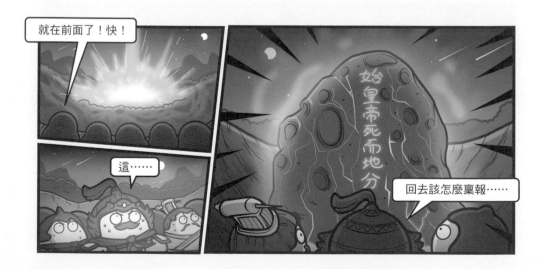

對追求長生不老且夢想著秦朝千萬年不朽的他而言，這話簡直是在啪啪打臉。

雖然我們從唯物主義的角度分析，這些字大概是某個討厭秦始皇的人刻上去的。

🐾 但思想很迷信的秦始皇，多多少少有點害怕，認為這也許是老天爺發出的預告。

🐾 次年，懷著忐忑不安的心情，秦始皇又跑去登山祭天，單方面向老天爺問這問那。

路過今天的河北省邢臺市時，五十歲的秦始皇突發重病倒下。

這一刻他終於意識到，什麼不老仙丹，什麼向天祈福，都是在做白工。

向自然規律低頭的秦始皇，老老實實開始準備身後事。他下令召回長子扶蘇來辦自己的葬禮，之後就繼承秦朝的帝位。

雖然扶蘇之前因為反對焚書坑儒頂撞過他，而被發配到邊疆，但他心裡還是看好扶蘇，希望這個比較仁慈的兒子，能為秦朝帶來不一樣的新氣象。

但扶蘇永遠都沒能收到這個命令，因為秦始皇身邊的宦官趙高和丞相李斯，他們壓根就沒有把詔書發出去。

📖 說到底就是個爭權的問題，趙高和李斯都和扶蘇不太熟，感覺扶蘇登基後，他們就會一秒失寵。

📖 相反的，他們和秦始皇小兒子胡亥的關係就非常親密，所以暗地裡抗命，想幫胡亥篡位。

當秦始皇咽氣後，趙高和李斯居然沒有發通知給大家，而是把屍體藏在馬車裡，其他隨從都不知道皇帝已經駕崩了。

當時天氣很熱，屍體很快就腐爛，他們倆直接把一堆鹹魚扔到車上來掩蓋刺鼻的屍臭。

📖 橫掃六國統一天下的秦始皇，生前無比尊貴，但死後卻有如此遭遇。

仔細想想，只能說命運
有時真的挺諷刺的！

📖 隨後，趙高和李斯又偽造秦始皇的詔書，命令在邊疆的扶蘇立即自殺。

哪有人這麼寫信給兒子？
你這個死宦官不會明白的！

我跟在秦始皇身邊這麼多年，怎麼
寫信還需要你這個老匹夫教？

📖 扶蘇身邊有個將軍是在官場混很多年的老江湖。

🦪 他非常懷疑這封詔書的真實性，叫扶蘇別急著照辦，應該派親信找秦始皇確認，如果是真的，再去死也不遲。

🦪 而扶蘇也真的是個老實人，直接說句：「爸爸叫兒子去死，哪還需要核實？」

然後就開始哇哇哭，哭夠了就自我了斷。

🍮 單純耿直的扶蘇死了，小兒子胡亥順利登基，史稱「秦二世」。

🍮 胡亥這傢伙更不適合當皇帝，是非不分且很殘暴。
什麼事都由著趙高、李斯，濫殺很多忠臣和親人。

某天，趙高為了試探群臣的態度，拿了頭鹿送給秦二世，然後非說這是匹馬。

傻乎乎的秦二世就問大臣們：「這動物到底是啥？」
有人附和趙高強行說是馬，有人說是鹿……

🗨 結果回答是鹿的大臣，全都被趙高當成敵人幹掉了。

這就是「指鹿為馬」典故的由來。

🗨 秦二世還在趙高的唆使下，變本加厲地壓榨老百姓。

貪官！暴君！你們搶我的血汗錢！不得好死！

喲！還挺有活力的嘛！給我把他抓去當苦力，做到他罵不出來為止！！！

🗨 這樣一來，搞得老百姓一肚子火，只是沒找到合適的機會發作。

🪨 西元前二〇九年，兩個小軍官陳勝和吳廣，押送九百個壯丁去邊疆做苦力，在一個叫大澤鄉的地方碰上壞天氣，耽誤了行程。

🪨 他們告訴壯丁們，如果不能準時到達目的地，按朝廷的規定要全員砍頭！反正都是要死，還不如造反拚一把！然後喊出那句千古名言：

 這句話的表面意思就是：那些王公貴族，天生就是貴種、好命嗎？

而背後的意思就是，我們老百姓就活該受苦、受累嗎？

 當然不！於是壯丁們果斷決定追隨他們倆！紛紛抄起鋤頭跑來抱團⋯⋯

不過從二十世紀七〇年代出土的古籍來看，秦朝法律沒說要砍頭，反倒是說，如果因災害等不可抗力遲到，還能直接免除苦役。

所以真相大概是陳勝、吳廣想造反……

這也沒辦法，誰讓秦朝不好好宣導政令呢？

總之反了就是反了，陳勝、吳廣揭竿而起後，全國各地紛紛響應。

不僅是老百姓造反，連官員都攪和進來。

例如有個叫劉邦的小官，受命押送罪犯，結果路上很多犯人跑了，他自知要被處死（這回是真的），心一橫就踏上造反之旅。

還有那個叫項羽的小鮮肉，他的爺爺曾經是楚國大將，後來死在秦軍手裡，項羽也被迫潛逃。

📖 秦朝眼裡算「餘孽」的項羽，曾看著秦始皇浩浩蕩蕩的車隊說出豪言壯語：

📖 吹牛皮的傢伙可多了，但項羽是實幹的那種人。

他招募八千精兵渡過長江，一路上邊打仗、占地盤，邊招收新人，很快就擁有十萬大軍。以此為資本，項羽宣布重建楚國。

🐚 不僅是楚國捲土重來了⋯⋯

　　齊、燕、趙、魏、韓的舊貴族也相繼宣布復國。

🐚 秦始皇統一天下，是西元前二二一年。

　　這才只過了十二年時間啊，六國就開始蹦躂了。

就算秦始皇真的長生不老，
看到這場面也要被活活氣死。

🐚 但大家別忘了，秦朝終歸很能打，以前能滅六國一次，現在就能再滅第二次。

朝廷派出大將章邯，他緊急拉來修秦陵的苦力和囚犯，組建臨時軍隊就輕鬆打趴陳勝、吳廣。

更多的秦朝正規軍加入戰爭後，六國聯軍也無法阻擋秦軍。
戰國末年的老劇情又重演了：只要秦軍敢打來，我就敢死給你看。

比較厲害的也就只有項羽了，他帶領數萬楚軍渡河，面對四十萬秦軍。

項羽下令砸爛飯鍋和船隻，楚軍知道已經沒有後路，只能和秦軍拚老命，
這就是所謂的「破釜沉舟」。

前線打得很火熱，宮裡的趙高也很忙，忙著搞陰謀爭權，他也只會這個。
連老搭檔李斯都被他誣陷「勾結起義軍」，直接拖出去腰斬了。

被項羽阻擋的章邯，率領剩餘的秦軍歸順項羽。勝利的天秤從這時開始傾斜，項羽再也無人能擋。

🗨️ 劉邦和項羽是兵分兩路，雙方約定好誰先打進函谷關之內，即戰國時秦國的老巢，誰就可以在這裡稱王。

哇！項老弟那條路看著都感覺很難啊！

🗨️ 由於項羽吸引不少仇恨，劉邦這邊相對來說輕鬆許多，今天前進一點，明天再挪點，不知不覺就打到老巢了。

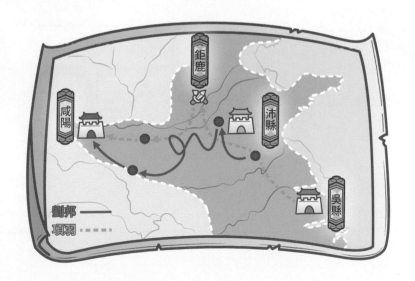

當局勢已經火燒眉毛時，朝廷上居然還在忙著爭權。
先是大陰謀家趙高幹掉秦二世，扶植子嬰做秦三世。

沒想到秦三世不願意當傀儡，反過來搞陰謀殺掉趙高。

等他們這一波忙完，劉邦已經打到跟前了。

秦三世懶得再做無用的掙扎，西元前二〇六年，他向劉邦投降，秦朝就此滅亡，「享年十五歲」。

秦朝不僅亡了，還被徹底斬草除根。

一個多月後，項羽帶兵跑過來，他就沒那麼好說話，下令處死秦三世，且在都城搞起大屠殺，所到之處都化為廢墟。

雖然淪為短命鬼，但秦朝還是留下眾多遺產。

看得見的靈渠、長城，看不見的三公九卿制、郡縣制，在之後的千百年裡都影響著中國。

但對項羽、劉邦而言，秦朝最有誘惑力的遺產⋯⋯還是那片遼闊的國土，以及至高無上的皇帝寶座！

圍繞著這筆財富的鬥爭，又將是一場腥風血雨！

3
西漢篇（上）

劉邦究竟比項羽強在哪裡？

西元前二〇七年，曾經不可一世的秦朝已經到了臨終的時刻。
全國各地都有人造反起義，秦軍節節敗退，滅亡只是時間問題而已。

各路反秦勢力已經提前開始商量如何瓜分秦朝的遺產，最後他們約好——「先入定關中者王之」。
即誰先攻進函谷關，占領秦朝最初起家的地盤，誰就可以在這裡稱王。

各路反秦勢力中，最有希望拿獎的是以下這兩位選手：
其一為劉邦，四十多歲的中年大叔，沒有什麼顯眼的特殊才能。
非要說出一些優點的話，就是比較仁厚和知人善任罷了。

是不是金子，我瞧一眼就知道了！

劉邦

劉邦起兵造反後，很多人才跑來投靠他，他的勢力日漸壯大。

📖 其二是項羽，楚國貴族的後裔，非常、非常、非常能打仗。

項羽

我可不是只會紙上談兵哦！

📖 項羽不僅擅長砍人，還擅長指揮士兵砍人。

哪怕放眼整個中國古代，他都能算數一數二的「武力擔當」。

🪨 但他走的方向秦軍比較多，過關斬將花了太多時間，就耽擱了行程。

🪨 結果最先入關接受秦朝投降的是劉邦。

而且劉邦寬待秦朝遺民，廢除很多嚴苛法律，受到老百姓的擁護，搞得項羽相當眼紅。

📖 於是項羽直接毀了先到先得的約定，發兵四十萬打過來，但劉邦手裡僅十萬兵馬，根本抵擋不了。

📖 項羽有要賴的資本，劉邦沒有說理的權利。
於是劉邦只能先行撤退，和項羽講和。

🗨 但項羽手下的謀士范增認為，劉邦只是暫時退讓，將來很可能會東山再起，成為一大威脅。

🗨 於是范增就叫項羽請劉邦來吃個飯，想在飯局上找機會幹掉劉邦，著名的「鴻門宴」就此拉開序幕。

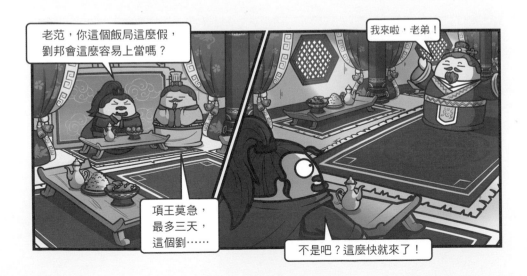

🍚 飯吃到一半時，范增喊了個人上來表演舞劍，想舞到一半直接行刺。

🍚 但項羽念及和劉邦一起反秦的情分，又感覺他有臣服的念頭，就猶豫著沒有下令動手。

📖 後來，劉邦和他手下的人都嗅出殺機，找藉口說要去上廁所，然後拍拍屁股溜了。

哎喲！剛才跳舞動作太大，突然想拉屎，請問你們家茅房在哪裡？！

老劉頭，茅房明明在那邊啊！你去哪裡呢？

鴻門

我用慣自家的茅房，這就先告辭了！

📖 聽說劉邦從項羽的眼皮底下逃跑，范增氣得兩眼冒金星，直接吐槽了一句：

項羽這小子真幹不成大事！

范增

 范增還預言未來的結局：「劉邦必定奪取天下。」

🍪 當時的項羽不信這個預言，雖然放走劉邦，但不代表他蠢到毫無防備。

還好我留了一手！沒有給劉邦那廁手紙，看他待會兒在路上怎麼擦屁股！

🍪 項羽自封為「西楚霸王」，把秦朝的領土劃分成很多塊，分給各路反秦人馬，他給劉邦很差的一塊——漢中。

　　古時候，這裡又偏僻又窮，交通特別不方便，到外地還必須走山間棧道。

一會兒說不定就掉進山溝裡呢！

項羽把劉邦扔到這裡，擺明是換個方法打壓他，但劉邦忍了，老老實實搬去漢中。因為在這裡安家，所以他被稱為「漢王」。

漢王你總算回來啦！我們可擔心死了！

哼！和我玩心機，項羽還嫩了點！

劉邦還聽從謀士張良的建議，燒毀漢中地區的棧道，斷絕和外地的交通。

嗚嗚嗚，再見了我的柳紅、我的飄飄⋯⋯

大王耐得住寂寞，這天下遲早是大王的！

🏵 劉邦這樣做就是在暗示項羽——「我劉邦不會再帶兵打出去了。」
當然，這對劉邦也有好處，因為項羽同樣無法攻進來。

🏵 項羽對這個結果非常滿意，他覺得劉邦會從此消停，後半輩子安心當個土
地主。於是項羽遣散大部分軍隊，回老家過起享樂的生活。

而另一邊的劉邦，其實連一秒鐘都沒消停，他在漢中忙著擴軍和磨刀，士兵從十萬變成幾十萬。同時，他起用韓信做為大將，準備拉開反攻的序幕。

韓信啊，聽說你很會點兵，來⋯⋯幫我清點一下這幾十萬大軍的人數！

韓信順著張良的計謀，策劃一齣偷襲的好戲。
他大張旗鼓地派人去重修燒毀的棧道，裝作等棧道修好就出兵的樣子。
讓項羽以為，戰爭還要過段時間才爆發。

韓將軍，你們加油啊！別讓我這好戲白演了！

張大人放心，我和弟兄們一定會捅他個天翻地覆！

🪨 實際上，他派去施工的都是些老弱病殘，在工地上跑跑龍套而已。

漢軍真正的精銳主力，則悄悄走小路離開漢中。

前方安全！都給我放輕腳步，加速前進！

🪨 他們艱難地跋山涉水，出現在敵軍不設防的心臟地帶，很快便攻克戰略要地——陳倉。

兄弟，待會換班後，找個場子玩玩唄！

好啊，去哪裡？

小弟們，隨我拿下陳倉！

我來告訴你，去死！

哇啊！尿罎成精啦！

「明修棧道，暗度陳倉」
的典故就是這麼來的。

被耍了一通的項羽很生氣，「猛人」生氣後果通常都很嚴重。

西元前二〇五年，項羽率領的三萬精銳楚軍和劉邦的五十六萬漢軍在彭城（今徐州）碰上了。

想不開嗎，項老弟？帶著這麼多兄弟來送死呢？

人多了不起啊？誰死還不一定呢！

平均一個人打十八·七個人，理論上來說真無法贏，但項羽偏偏就贏了。
殲滅了十幾萬漢軍，還逼得另外十幾萬漢軍跳河，睢河都被屍體堆到斷流。

劉邦趕緊開溜，連老爹和老婆都來不及帶上，全被項羽給抓了。

我數到三，再不出來投降，我就把你家人的衣服扒光！

別脫了、別脫了，給我留點面子！

一......二......

我對不起你們！！
等我回去搬救兵！

給我扒光！

劉邦這下終於明白了，和項羽直接開打，那是要把自己玩死的。
於是他換了一種思路：留一隊人馬牽制項羽，其他人四處出擊。

他們要嘛襲擊項羽背後，要嘛跑到項羽的地盤搶劫……
雖然楚軍戰鬥力超強，奈何不會分身術，被搞得焦頭爛額。

於是戰爭進入拉鋸階段，你打不過我，我滅不掉你。
但再這麼耗下去，對雙方都是一種折磨。

於是他們決定談判，一番討價還價後約好：
以鴻溝運河為界兩分天下⋯⋯
西邊歸劉邦的漢政權，東邊歸項羽的楚政權。

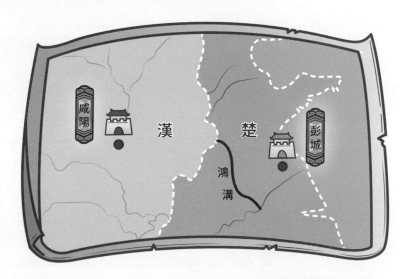

象棋棋盤上的楚河漢界，其實就是指鴻溝，加上一堆棋子，完美還原楚、漢兩軍在這裡對峙的局面。

項羽是真心想就這樣算了，拿半壁江山過日子也不錯。

👑 但劉邦只是說說，合約上的墨水都沒乾，他就派兵追擊撤軍的項羽。

👑 項羽手下的楚軍，本來都準備回家看老婆、孩子，沒想到又要打仗，士氣十分低落，完全失去當初的神勇。

🥟 劉邦此時盡顯老油條本色，放著項羽親率的人馬不管，先去對付其他楚軍。

🥟 這些傢伙沒有項羽的士氣加成，打了敗仗，再加上劉邦開高價勸降，立刻就繳械了。

📖 項羽看著自己一點點被割肉，心想「還不如給我的刀痛快」，果斷掉頭反擊。

老大！不好了！我看到有些落難的弟兄已經開始向劉邦磕頭了！

給我殺回去！不能讓他們繼續這樣丟楚軍的臉！

你說什麼？！

📖 這時候劉邦又不追了，挖溝築城，原地死守。

報！項羽他們回頭了！

大家安心吃，牆結實著呢！

好！掏出你們的錘錘！就地築牆！

而這竟然讓項羽久攻不下，等項羽打累了決定撤走，劉邦又繼續開始追擊。

只能說，不是項羽無能，實在是劉邦太聰明。

就這樣，楚軍的人愈打愈少，最終被包圍在一個叫垓下的地方。

項羽本來還想最後一搏，沒想到劉邦又玩了一手陰的。

他讓部下學楚國民謠，晚上對著項羽的營地開演唱會。

楚軍士兵一聽，還以為老家已經被漢軍襲擊，心態徹底崩潰，四散逃跑去了。

他讓部下學楚國民謠，晚上對著項羽的營地開演唱會。

最後，只剩下幾百名忠心耿耿的親兵，用肉身掩護項羽突圍。

項羽一路逃到烏江邊，身邊只剩二十八人，一位住在江邊的老人勸他說：

項羽搖了搖頭，回答道：

啊呀呀呀呀！哈！

不久之前，他還是人人敬畏的霸王。徹底摧毀了秦朝，統領大軍，坐擁天下……

如今，他什麼都沒剩下，就好像做了場大夢。

既然是夢，那就醒來吧！

項羽拔出寶劍自刎，結束短暫的人生……

📜 看到項羽的腦袋後，劉邦長舒了一口氣。

📜 西元前二〇二年，劉邦稱帝，建立漢朝。
這是繼秦朝後，中國的第二個大一統王朝。

 但劉邦清楚地知道，當上皇帝不意味著可以放鬆。

📖 漢朝確實復刻秦朝的大一統，但如果不好好管理……也會重演秦朝的短命
結局。

📖 於是，劉邦的手下們開始制訂詳細計畫來確保漢朝的長治久安。
畢竟他們是漢朝員工，公司倒了，自己就失業了。

但他們不知道的是，劉邦正在後面冷眼盯著自己。

因為在劉邦的心裡，他們之中的很多人⋯⋯已經從好幫手變成潛在威脅！

而這也印證了那句老話：

飛鳥盡，良弓藏；狡兔死，走狗烹。

4
西漢篇（中）

飛鳥盡，良弓藏；狡兔死，走狗烹

漢朝建立後，劉邦的謀士高手張良突然變得很奇怪，隔三岔五就要得點病，整天待在家裡休養！

啊！ 啊！ 啊！

張大人好像病得不輕啊！

啊！
啊！

這樣的日子，實在太舒服了！

當別人諮詢他事情時，這位高智商謀士好像失去主見，只知道用打哈哈來糊弄別人，死活不說自己的想法。

老李，聽說你要請吃飯我就來啦！

沒錯，我剛好有一事想向你請教！

我突然想起家裡的衣服還沒收，這飯下次再吃吧！

🪙 劉邦論功行賞，拿了很多地盤給手下們當封地。

　　他給張良很大、很富的一塊，張良堅決推辭，只要了他和劉邦最初相遇的留城（即沛縣）。

🪙 很多比張良功勞小的人，混得卻比他好很多。

　　和張良貢獻差不多的人，各個都被封王，即漢初的七大異姓王，像楚王韓信、燕王臧荼等。

🏛 很多人覺得張良老了、糊塗了，居然有好處不拿，但之後的腥風血雨證明……

張良才是最機智的那個。

🏛 秦朝沒有被滅、項羽還活著時，劉邦需要有人幫他出謀劃策。

如今強敵已不存在，高智商的手下反而成為一種隱患。因為劉邦害怕他們以後會叛亂，對漢朝不利。

🗨 論功行賞只是假像，為的是麻痺功臣們，然後找機會一個個除掉。

從這些賞賜來看，劉邦還真是害怕失去我呢！

🗨 劉邦登基不久後就開始動手了，他先是下令搜捕項羽殘黨。

開門！

開門！查水表啦！

然而這其實只是個幌子！

🍙 劉邦真正的目標是七大異姓王之一的燕王臧荼，他之前跟隨過項羽，後來迫於形勢才向劉邦投降。

🍙 臧荼知道劉邦是衝著自己來的，但沒有辦法……於是他只能匆忙造反，三個月後就被消滅。

🍙 項羽的「殘黨」難逃一劫，但沒和項羽混過的人也不安全。

🗨 僅在臧荼被滅的一年後，劉邦以密謀叛亂為由抓捕楚王——韓信。

劉邦收回賞賜給韓信的封地和兵權，將他帶到都城，軟禁在自己的眼皮底下。

🗨 過了幾年「囚徒」生活後，韓信被滿門抄斬。

🗨 雖然這些事情很荒謬，但燕王和楚王的遭遇只不過是個開始。

截至西元前一九五年，七大異姓王就被廢掉和滅掉六個，最後只剩下一個勢力比較小的長沙王。然而他們被滅掉的理由，不外乎下面幾個：

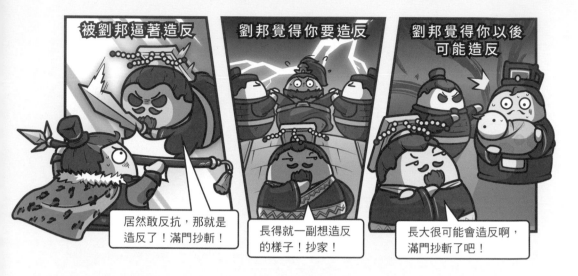

被劉邦逼著造反

居然敢反抗，那就是造反了！滿門抄斬！

劉邦覺得你要造反

長得就一副想造反的樣子！抄家！

劉邦覺得你以後可能造反

長大很可能會造反啊，滿門抄斬了吧！

基於相同理由，連沒有被封為異姓王，只是在朝廷裡打卡上班的功臣，也被殺掉一大批。

你愈高調，愈愛顯擺自己的謀略，劉邦就愈想弄死你。

陛下，這是我想出來的十種方案！

哇，好棒棒哦！

帶下去，和剛才那批很棒棒的一起殺了！

什麼？

韓信被砍首時，才悟出劉邦的真實想法：

韓信開竅開得有點太晚了，張良就屬於比較有先見之明，所以這就是他一直裝傻、裝無能的原因。

　　他只要和劉邦邂逅的地方做封地，就是為了表忠心。

所以劉邦始終沒有動他，張良舒服地活到六十多歲，善終。

📜 收拾完異姓功臣後⋯⋯劉邦把他們的地盤交給自己的親戚和子孫來管，即所謂的「同姓王」。

劉邦心想：都是劉家人應該沒問題了，血緣關係總靠得住吧？

西漢初期的行政制度就這麼定下來了，把一部分國土給同姓王打理，實行古代的分封制；一部分國土由朝廷直接管轄，實行秦朝留下的郡縣制。

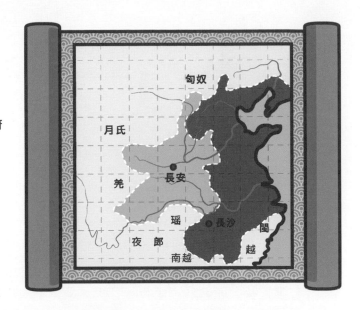

- 諸王國及其統治地區
- 西漢初期中央政府直接統治地區

不過，精明一輩子的劉邦，對人性的了解還是不夠透徹。

在權力的誘惑面前，親情算什麼？

🪙 劉邦去世四十多年後，就是他的孫子漢景帝在位時……七個同姓王發動叛亂！他們帶著兵朝王都打過來，史稱「七國之亂」。

怎麼回事？爺爺不是說他們都很乖嗎？

《漢景帝》

🪙 還好漢景帝手下有幾個能打的，把叛軍擋了回去。
七個反賊王侯要嘛被殺，要嘛畏罪自殺。

不管死沒死透，都給我拖出去把頭砍了！

經過這次教訓後，漢景帝連自家人也不信了，時刻提防著兄弟和親戚們。

不過總體來說，七國之亂只能算是個小插曲。

除了平定這場叛亂外，漢朝的前幾位皇帝都不曾發動過大規模戰爭，主旋律還是休養生息。

🍪 畢竟從戰國時期到秦朝末年，這片土地沒一天是和平的，也該讓老百姓歇一歇了。

🍪 當時，漢朝主要有兩個敵人：

一個是北面的游牧民族匈奴，他們游牧、搶劫，從戰國時代就開始不斷刷存在感。

而另一個就是南方的南越國，南越王原本是秦朝的地方官。
秦朝垮臺後，他就自立為王、建立國家，占據南方沿海的大片土地。

對於這兩個敵人，漢朝完全採取和平政策。

例如，漢朝先後派了幾位公主到匈奴和親，每年還送很多財寶給匈奴。
又例如，南越國要求在邊境開市場和漢朝做生意，漢朝也果斷答應了。

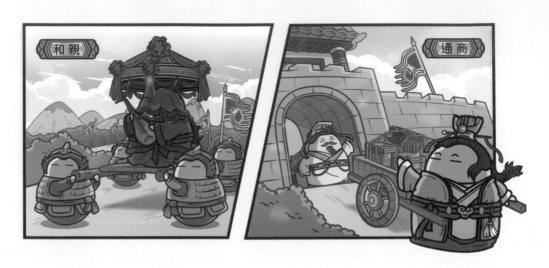

但對敵人有求必應，不意味著漢朝是塊軟骨頭，其實漢朝一直在暗中準備開戰。

🪨 舉個例子——「馬復令」。

　　這個制度就是你家養一匹馬，官府免除你家三個人的徭役。

　　鼓勵老百姓多養馬，這樣就有充足的馬源來培養騎兵。

🪨 到漢景帝步入中年時，漢朝已經積攢足夠的實力。

　　根據史書記載，當時國庫裡的錢多到數不清，糧倉的存貨多到吃不完，堆在那裡都爛掉了。

🥟 但漢景帝沒能等到反擊的那天，因為身體不太結實，不滿五十歲就病死了。
於是，和敵人算總帳的任務就交到他的寶貝兒子漢武帝手中。

父王泉下有知的話，
就給我睜大眼睛看好了！

漢武帝

🥟 漢武帝管事後，對內開始實行《推恩令》來剪除同姓王們的勢力。

這樣就不會出現爭奪家產的現象了！

皇上真是機智英明呀！

按照之前的規則，假如某同姓王管著一個省大小的地，他死了，就由嫡長子繼承這塊地，王國的實力始終不變。

而《推恩令》就是改變繼承制，同姓王死後，地盤會被分為 N 小塊，每個兒子都有份。

這就造成王國愈分愈小，可能經過幾代傳承後，每位後人就只剩一個村的封地，根本無法與朝廷對抗。

但同姓王們也無法反駁漢武帝⋯⋯因為地盤再怎麼分，都是分到自己的兒子手裡。

如果說漢武帝對付家裡人是挖暗坑……那他收拾沒什麼情分的匈奴和南越國時，就是明著來了。

西元前一二九年，漢武帝派衛青等人北伐匈奴，拉開戰爭的序幕。

🪨 經過兩年時間的血拚，漢軍從匈奴手裡搶到黃河中上游沿岸的大片土地。

🪨 後來，漢武帝起用年輕小將霍去病，這孩子堪稱匈奴的頭號剋星。
打多少場仗就贏多少場，殺了十一萬餘匈奴士兵，抓了四萬多個俘虜。
還追在匈奴屁股後面，把他們一直攆到今天俄羅斯的貝加爾湖。

 漢武帝不僅自己動手打，還學會請外援。他派人出使西域，和西域諸國攜手對付匈奴。

本來他們只是軍事同盟，但大家玩熟了，順便也做做生意互通有無。

兄弟，你這棒子有點厲害呀，一棒就把匈奴打得不省人事了！

陛下要是喜歡的話，下次我帶一批過來！

 這使團、商人來往的線路，就是後來的「絲綢之路」，對整個世界都影響深遠。

🪙 匈奴之前還以為搶劫是一項沒有什麼成本的買賣，現在挨打完才明白，搶漢朝的成本特別高——要命。

早知今日，還不如老老實實放羊呢⋯⋯

🪙 匈奴暫時消停，還剩一個南越國。但南越國的人就比較慘了⋯⋯

匈奴好歹是游牧民族，家當少，漢軍打過來，大不了帳篷捲一捲，跑就是了。

理論上往北能跑到北極圈。

但南越國的人都是定居的，捨不得丟下房子、車子不說，再往南就得去海裡餵魚了⋯⋯

西元前一一二年秋，漢武帝發兵十萬攻打南越國。

　　南越軍隊嘗試性抵抗一下，發現根本打不過。再加上沒地方可以逃，於是南越軍隊很爽快地投降了。

🪨 幾個月之後的冬天，南越王的腦袋就成了戰利品，被高高地掛在漢武帝家門口。

🪨 攻打匈奴和南越國的戰役，只是漢朝對外戰爭的一部分。

在漢武帝的指揮下，大軍四面出擊。那時，今越南、朝鮮的一部分都被他占領，漢朝的疆域超過之前的任何一個王朝。

秦朝南征北戰打下的地盤，約為三百六十四萬平方公里。而漢武帝時期的統治範圍，有六百零九萬平方公里。

很多歷史學家都認為，漢武帝打拚出來的成果已經奠定今天中國疆域的雛形。

看著這空前遼闊的地盤，漢武帝開始膨脹了。

他覺得自己是天之驕子，是史上最偉大、最賢明的君主。

他認為只要什麼事都按照自己的意思辦，漢朝還能變得更強。

非常有趣的是，上一個產生這種心理的人是秦始皇。

而秦朝，僅存在十四年就滅亡了。

 此時的漢武帝還想不到，打下最大地盤的自己……也會搞出漢朝建立以來最大的危機。

後面即將發生的故事，就讓我們拭目以待吧！

5

西漢篇（下）

漢武大帝竟然搞垮過漢朝

靠著祖宗攢下的家底，漢武帝有資本派兵四面出擊。

打完匈奴打南越國，攻占一塊又一塊地盤。漢朝擁有非常廣闊的疆域，史稱「漢武盛世」。

然而，漢朝在盛世的表象之下，隱藏著非常大的隱患。

因為漢武帝一門心思撲在打仗上，老百姓對他來說只是產出軍費的機器而已，可以隨便使喚。

為了湊齊足夠的軍費，漢武帝開始向全國徵收重稅。

🪨 在他上臺前，規定十五～六十歲的人，每人都要繳一些稅，因為這個年齡段的人能幹活賺錢。後來又開始徵收七～十四歲兒童的人關稅，即「口賦」。

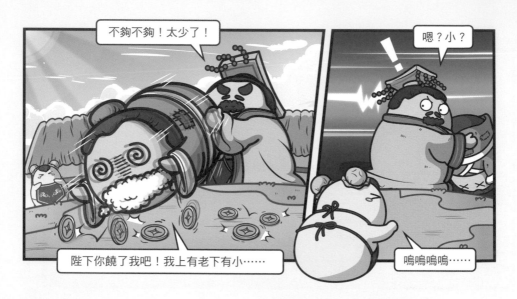

🪨 漢武帝直接把口賦的規定改為「三～六歲的兒童也要繳稅」……

📖 幾歲的小孩子根本無法工作卻還要繳稅，普通家庭根本負擔不起。

📖 於是當時流行起一種血腥的逃稅方法——「生子輒殺」。即孩子生下來就馬上殺掉，以免繳稅繳得傾家蕩產。

🍘 然而，富人家也沒好到哪裡去，有車？收稅！有房？收稅！

🍘 漢武帝還設下陷阱讓富人自己申報財產交稅，漢武帝知道他們肯定會耍花樣，於是等他們報完就馬上派人審查，一旦發現有瞞報的家產就全部充公。

殺雞取卵式的重稅，若只是一、兩年這麼收，漢朝還能勉強挺得住。
但問題在於漢武帝打起仗來沒完沒了，這已經成為他人生主要的樂趣。

陛下，御醫說多喝點參……

喝這些有什麼用！本王一天不打架
渾身難受！快給本王找人來打！

於是重稅一年又一年地壓榨老百姓，搞得民怨四起。

這是我給母親治病的救命錢！
你們這樣會遭上天報應的！

好好好！你放心吧，上天會保佑你娘的！

老百姓很氣這件事，朝廷上很多大臣都知道。

但他們沒功夫管，眼下保住自己的命才最重要……因為漢武帝正在朝中大開殺戒！

可能是因為殺戮太多，漢武帝心裡感到十分不安……

某天漢武帝午睡時，竟然夢見幾千個小木頭人拿著棍棒要圍毆自己。

🗨 漢武帝醒來後，身體就不舒服了，還感覺精神恍惚，老是忘事。

🗨 之後漢武帝把這件事情告訴寵臣江充，而江充就是個典型的陰謀家，便馬上開始借題發揮了……

於是漢武帝任命江充為特使去抓詛咒他的人，而他則利用這個機會大肆陷害自己的政敵。

陷害人的流程其實很簡單：

只需要扛著鐵鍬去你家挖幾個坑，挖完往裡面扔幾個木頭人，然後向漢武帝舉報，說這是你埋在地下用來詛咒他的。

由於這種方法很好操作，其他大臣也學會了，以前有點什麼過節的、吵過架的，現在全都開始互相陷害。

陛下您看！這是臣在劉大人家裡挖出來的！

我在你家挖出來的更大呢！

哼！這年頭，誰還沒個鐵鍬是嗎？

漢武帝也是有點秀逗，有多少條舉報就相信多少，把朝廷裡近一半的大臣全幹掉了。

好啦！兩位愛卿別爭了！你們兩個說的朕都信！

所以都拖下去斬了！

就連尊貴的皇后和太子，都在這場風波中喪命。

史稱「巫蠱之禍」。

民怨四起，朝中大亂，這已經夠嗆了……
結果漢朝剛好碰上大自然發怒，水災、蝗災接連出現。

按照古書記載，當時千里良田都化為荒地，老百姓想活下去，只能人吃人。

漢武帝在位期間，人口數約為四千萬，如今已經銳減到二千萬！

好大的葫蘆！我要吃！

老百姓不好過就會造反，當時全國各地都有農民起義，告急的報告都堆了一桌。

陛下！糟了！又又又有人造反了！

救……救……命！

咦？陛……陛下？你在哪裡？

🗨 漢武帝剛開始還想著鎮壓，結果這邊壓下去，那邊又起義，完全就是「一波還未平息，一波又來侵襲」……

🗨 於是，漢武帝被迫發了著名的〈輪臺詔〉，大致是說：自己這位皇帝沒當好，過去犯了很多錯誤，未來就不折騰、不打仗，會好好愛惜民力。

皇帝親口保證後，局勢才慢慢得到平息。

📖 很多歷史學家認為，〈輪臺詔〉是漢朝的又一個轉捩點。

從最早的休養生息政策，後來發展成打仗擴張的政策，現在又回到佛系養生。

老祖宗的養生套裝終於發揮作用了！

📖〈輪臺詔〉頒布的兩年後，漢武帝去世，享年七十歲。

漢武帝把皇位交給八歲的小兒子，即漢昭帝。他死前還召見了四位重臣，讓他們輔佐年幼的漢昭帝。

以後太子就交給你們了！還有……千萬……不要讓他學我養……生……

陛下！嗚嗚嗚嗚……

四位重臣中，有一位叫做霍光，是名將霍去病同父異母的弟弟。

當年，霍去病痛扁完匈奴後凱旋，路過故鄉時，看見老弟霍光還在家宅著，就順道把他帶去朝廷工作。

有個霍家之光的哥哥，再加上霍光也很聰明，辦事很穩重，很快就升職、加薪，成為漢武帝身邊的大紅人。

他侍奉漢武帝二十多年，從沒犯過一次錯，所以深得漢武帝的信任。就連「巫蠱之禍」這樣的大風大浪，他都能平安度過。

然而霍光絕對不算什麼老實人，他一直盤算著除掉另外三位輔政大臣，自己獨攬大權。

漢昭帝繼位後不久，其中一位大臣就病死了，替霍光省下不少事。
而另一位輔政大臣也在權力鬥爭中被霍光所殺。

之後漢昭帝的生活只能用「慘」字來形容，他沒有公事的發言權，都是霍光在管，朝廷裡也全是霍光的親信。

更誇張的是，漢昭帝連私生活都不能做主……霍光只許他和皇后親熱，不准他寵幸其他妃子。

為何？因為皇后是霍光的外孫女！

陛下！到點翻牌子了！

啊！久違的翻牌終於讓我想起做皇帝的感覺！

可能是因為活得太委屈，漢昭帝才活到二十一歲，就在某天夜裡暴斃而亡，一個兒子都沒來得及留下。

不好了！陛下吐白沫了！

🪨 於是霍光自作主張，從皇族成員裡挑了一個當皇帝。

📖 人家糊里糊塗被他拖過來登基，才幹了一個月不到……
準確來說是二十七天，霍光就對他有點不滿意，自作主張廢掉這個皇帝。

😶 霍光改立漢武帝的曾孫，即第十位皇帝漢宣帝。

　　看到前任皇帝的遭遇，漢宣帝瑟瑟發抖，決定當一臺全自動人形點頭機，霍光說什麼就是什麼，絕對不敢有半點異議。

😶 霍光這麼隨意廢立皇帝，一手掌握國家大事，所以全天下都知道漢朝現在只是明面上屬於劉家，實際上已經改姓霍了。

以漢武帝的脾氣，要是早知道子孫會被霍家玩弄於股掌之中，別說什麼重用霍光，估計連霍去病都想拖去殺掉！

氣死我了！還投個鳥胎！
我這就去幹掉他！

但篡權不一定等於禍害漢朝，霍光治國還是滿有能力的。

他遵循漢武帝晚年留下的政策，一直堅持讓老百姓休養生息，漢朝才慢慢從戰爭的創傷中恢復過來。

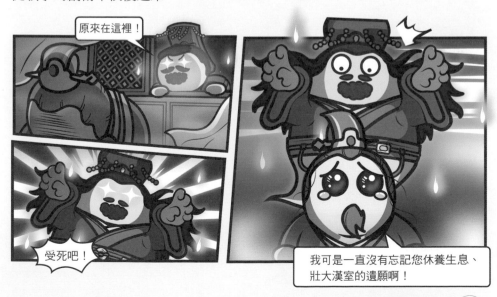

原來在這裡！

受死吧！

我可是一直沒有忘記您休養生息、
壯大漢室的遺願啊！

漢昭帝和漢宣帝在位時期的這段太平日子，被稱為「昭宣中興」。

當然，某種程度上你可以叫他「霍光中興」。

但這是最後的輝煌了⋯⋯霍光和漢宣帝都去世後，國家就開始一路走下坡，因為繼任的皇帝們都特別愛玩！

陛下，人死不能復生，您節哀⋯⋯

嗚嗚⋯⋯霍老⋯⋯

霍老鬼！你終於掛了！

這下朕終於能好好地享受帝王生活了！

有的過於嬌寵外戚，就是老媽、老婆家的親戚；有的是和宦官的關係太親密，放任他們胡作非為。

有的沉迷女色無法自拔，滿腦子都是怎麼哄妃子開心；有的是天天和男寵廝混，完全不理朝政……

像是第十二位皇帝漢成帝，就寵愛美豔的趙飛燕、趙合德姊妹。
而這姊妹倆不是省油的燈，自己懷不上孩子，還不許別的妃子懷。

這對姊妹天天在後宮搞（有痛）人流，害得漢成帝一個孩子都沒有。
雖然漢成帝心裡很清楚她倆做了什麼，但居然就這樣默許了！

到這時，漢朝的皇位基本上就是個擺設了。

除了皇帝自己以外，誰都能把持朝政、指點江山。

后妃、大臣們，甚至是宦官們都在忙著內鬥，來搶奪皇帝這個木偶的操縱權。

而最後的勝出者是一個叫王莽的外戚。

🥟 西元五年，王莽毒死最後一位皇帝 —— 漢平帝。並在四年後稱帝，建立新朝。

🥟 從劉邦打下這江山開始，劉家人坐皇位總共坐了二百多年。

有過盛世，也搞亂過天下；出過賢君，也出過幾個昏君。

但不管怎麼說，如今皇位是真的要改姓了。

🪨 當然，翻盤的機會也是有的。

在這二百多年裡，劉氏皇族開枝散葉，養育子孫後代。這幫人裡面，總會有那麼一、兩個能打的。

> 孩子！你將來一定要為劉家報仇！

> 娘！孩兒記住了！

🪨 他們能否從王莽手中，奪回屬於漢朝的名號和地盤呢？

這就是下一集要講的故事了，可能算是中國古代最魔幻的一段歷史！

> 就讓我們拭目以待吧！

6

東漢篇（上）

「穿越者」大戰「魔法師」

西元九年，手握大權的原漢朝高官王莽自封為皇帝。
他建立新朝，把劉家人趕下寶座，史稱「王莽篡漢」。

我可是有傳國玉璽的！
正統的哦！

王莽

雖然說王莽是個篡位者……但一開始，老百姓不怎麼討厭他，反而還有很
多人叫好。

莽莽我愛你！

莽莽好棒！

哇！陛下居然有這麼多粉絲啊！

因為王莽看起來像是站在老百姓一邊的人，而他確實想解決漢朝留下的兩個嚴重的問題。

第一個是土地的問題，地主們總愛強買或霸占農民的地。
地主家往往都坐擁上萬畝土地，而窮人家連一畝地都沒有。

這就導致第二個問題，因為農民沒地可種，為了有口飯吃只能去地主家做奴隸。

而奴隸的地位和家畜沒什麼區別，在集市上和牛、羊被關在一起叫賣，主人不滿意還可以直接打死他們。

王莽當皇帝的第一年，就搞了場驚天動地的改革：
他宣布所有土地都收歸國有，地主家的大片良田全部被沒收。
然後將土地平均分給附近的老百姓，每家每戶都有份。

🪨 王莽還宣布，凍結奴隸制和人口買賣。

奴隸不可以被隨便買賣，而是成為「私屬」，也不再是可以被隨意虐待的牲畜。

🪨 困擾漢朝許久的問題，就這麼被王莽簡單粗暴地一刀切了。

🪙 除此之外，王莽還在都城建房子，以超便宜的價格租給老百姓，像不像現在的青年住宅？

🪙 又例如，他下令建了很多新的學校，讓窮人家的孩子也有書讀。

🪙 王莽的這些主意讓人覺得他的思想非常超前。

這麼看來，王莽壓根不像古代人，反而像一個在近現代生活過的人，疑似是穿越過去當皇帝的。

但王莽的思想太過超前，結局卻是兩頭不討好。

 對地主們來說，分土地和廢除奴隸的制度讓他們的家產一夜歸零，他們就帶著家丁死守土地，小縣官也不敢強行收他們的地。

你再往前走一步，我就放狗了！

而對老百姓來說，王莽的政策只是看上去美好。

雖然說人人都可以分地，但地主們沒有上交，國家可用的耕地壓根就不夠分，導致很多農民依然無地可種，對王莽失望透頂。

所以說，王莽的新政不僅把地主逼急了，也讓老百姓後悔支持他。

但王莽已經登上皇位，建立新朝，要請他走下來是不太現實的，只能手動把他拖下來了！

於是地主豪強紛紛造反，各地老百姓也開始起義。

有一支農民軍隊叫做綠林軍，他們推舉幾個漢朝皇族做領袖，其中之一就是劉秀。

劉秀是劉邦的九世孫，雖然他算皇家血脈，但劉邦的後人太多了，他屬於最不值錢的那種。

怎麼樣？！

我身上流的可是皇族的血！讓你們見識一下真龍之威的金光！

前半輩子的劉秀離皇位十萬八千里遠，平日只能種種地、釣釣魚……要論他登上皇位的幾率，四捨五入約等於零。

大師，我做皇帝的機率真那麼小嗎？

堅持你個頭啊，我是說別做白日夢了！再釣不到魚，太陽都下山了！

你看！

啊！我懂了！大師是想說日復一日地堅持，就會有機會對嗎？

可是劉秀後面的經歷，只能用他的名字來概括了。

秀，很秀，非常秀。

西元十七年，綠林軍在湖北地區起義。

後來，劉秀糊里糊塗被拉著入夥，手底下突然有了一萬多名士兵。

哼，大師，看看我身後的這群兄弟，
我會告訴你什麼叫我命由我不由天！

雖然一萬多人聽起來不少，但在真正的大軍面前，也就只能塞塞牙縫。

西元二三年，王莽召集新朝的全部精銳，加起來有四十二萬人馬，衝劉秀打了過來。

報！王莽帶大軍打過來了！

可是對面有四十二萬人馬，你能一個打四十二個嗎？

慌什麼？等我吃飽了，我能一個打十個！

什麼？

大家可能覺得，平均四十二個人打一個，還能有什麼懸念？

但結果出乎意料，王莽偏偏就輸給劉秀。四十二萬大軍死的死，逃的逃，幾乎全部葬送在劉秀手裡。

不僅對戰結果很神奇，大家看了過程會覺得更魔幻。

 根據《後漢書》的記載，新軍與劉秀的綠林軍交戰時，大白天就烏雲蔽日，搞得新軍士兵很不安。

📖 夜晚又突然天降隕石，正好砸進新軍軍營，士兵們死傷慘重。

📖 慘遭心靈和肉體的雙重打擊，新軍已經有點懷疑劉秀是不是個魔法師，王莽新軍的軍心開始慢慢動搖⋯⋯

此時，劉秀又來找架打了。他讓幾千人組成敢死隊，自己帶頭衝進新軍的人堆裡砍殺。

他幾進幾出卻毫髮無傷，好像有神功護體，刀箭都躲著他走。

看到劉秀這麼猛，新軍決定先撤走避一避。

結果在撤退途中，又突然出現狂風暴雨，能把屋頂都掀了的那種。

新軍的心態這下徹底崩潰，撤退變成逃跑。

劉秀趁機帶人衝上來一頓亂打，四十二萬新軍就這麼完蛋了⋯⋯

這支大軍被消滅後，王莽也失去主力軍，都城慘遭各路人馬圍攻。

📖 城破的那天，王莽在混亂之中被殺，遺憾地結束自己的「穿越」之旅，新朝也僅存在十五年。

📖 西元二五年，「大魔法師」劉秀登上舞臺。
他坐上皇帝寶座，宣布恢復漢朝的統治，史稱漢光武帝。

🗨️ 為了方便區分，之前的漢朝被稱為西漢，劉秀重建的漢朝則被叫做東漢或後漢。

🗨️ 建立東漢後，劉秀又花了十多年時間：
除掉其他想當皇帝的劉家人，消滅其他起義軍，打壓占山為王的土地主。

最終實現統一，漢王朝滿血復活。

但形勢依然很嚴峻，之前王莽想要解決的土地和奴隸的問題還存在，如果不能解決，東漢可能也活不了多久。

他吸取王莽的教訓，沒有直接打地主、分田地，而是下令清查全國的土地，看看地主家到底有多少田，然後照著真實面積收更高的稅。

地主雖然很不滿，但畢竟沒有在一夜之間傾家蕩產，反抗就沒有那麼激烈，大多數地主都選擇多繳點稅。

劉秀分田地給老百姓，但不是分給所有人，而是只分給那些已經失去田地的流民。因為這群人是最慘的，也是最容易因為餓肚子去造反的，只要分一點地就很容易讓他們滿足。

這樣的話，原本就屬於國家的田就夠分了，不用再去沒收地主的田。

普通農民有什麼福利呢？

劉秀用從地主那裡收來的稅錢，買牲畜和農具，低價出租給農民用。

劉秀還在各地興修水利工程，國家投資建設，農民免費使用，對許多農民來說，比直接分田地還實惠。

關於奴隸制度，劉秀也沒有一次性廢除。

他只是要求主人家不得殘害奴隸，否則會和傷害平民一樣構成犯罪。

劉秀還下令釋放部分奴隸，這個政策是有條件的。

首先，只釋放民間的奴隸，官員和貴族家的不算進去，而且奴隸要有回家的意願，才可以恢復成平民身分。

雖然劉秀沒有徹底根除土地和奴隸的問題，但在他統治的時代，地主們不怎麼想鬧事，老百姓也就安心種自己的地，平平淡淡就是真幸福。

西元五七年，東漢人口只有二千一百萬；西元一〇五年，東漢的人口已經增加到五千三百萬。

重現西漢最強大時的國力，史稱「光武中興」。

他在位時，很少發動戰爭。

對漢朝一直以來的死敵，將軍們收割人頭的對象 —— 匈奴，劉秀也保持只守不攻的態度。

想著升職、加薪的將軍們主動請戰，劉秀直接回答：

老百姓都還沒填飽肚子呢，
你們這幫人還敢花錢遠征出戰？

劉秀不是不想建功立業，只是覺得東漢還沒準備好。
開疆擴土、打垮匈奴的工作，應該交給後人去完成。

我已經老了，打打殺殺的事情，
就交給年輕人去做吧！

在不遠的未來，劉秀的子孫將領導一場決戰，為漢朝與匈奴幾百年的紛爭寫下最後的結局。

7

東漢篇（中）

永別了！匈奴

匈奴，古人最不願提到的一個名字。

　　這支生活在北方的游牧民族，騎著戰馬，揮舞著砍刀，幾百年如一日地跑來搶劫殺人。

你三天不打，匈奴人就給你上房揭瓦，你動真格地和匈奴人較量，又總是無法把他們消滅乾淨。

　　茫茫大漠，遼闊草原，匈奴人只要上馬開溜，你上哪裡找他們？

之前已經有 N 位皇帝，用親身經歷證明匈奴人有多難纏：
秦始皇，狠狠揍過匈奴人一頓；漢武帝，也狠狠扁了匈奴人。

雖然每次都收割幾萬人頭，看起來像贏了……但沒過多久，匈奴人又重操舊業。

我要讓你們知道，什麼叫「流水的皇帝，鐵打的匈奴」！

特別是在西漢和東漢交替的時代，中原人都忙著內戰，對匈奴人基本是放任不管。

這導致匈奴的勢力再次壯大，於是他們開始變本加厲地搶劫。

之前和漢朝關係好的西域諸國，也相繼臣服於匈奴。

東漢建立後，大臣和將軍們幾次上奏光武帝劉秀，讓他學祖宗漢武帝大舉出擊，給匈奴一點苦頭嘗嘗。

但劉秀每回都說國力還不夠，只准軍隊原地防守，不准進攻。

陛下，就讓我們打死匈奴人吧！

好！朕准了！

哇！陛下終於想開啦！

只要匈奴人進了這個圈，你們大可以放開來打！

雖然東漢沒有直接動手，但曾經「召喚」隕石破敵的劉秀，再次使用他的終極武器——好運。

善惡終有報，天道好輪回。
不信抬頭看，蒼天饒過誰。

西元四六年，匈奴莫名其妙遭遇天災，什麼蝗蟲、大旱，一個接一個來……

因為匈奴的文化水準不高，沒有史書詳細記載遭難的過程。

反正最終結果就是：半數以上的匈奴人都掛了。

這是匈奴歷史的重要轉捩點，因為這場浩劫後，匈奴就徹底分裂了。

一部分匈奴人不想再在草原戈壁待著，想和中原人一樣，過上種地定居的日子。

於是他們南下投靠劉秀，成為東漢王朝的附庸，即所謂的「南匈奴」。

而另一部分匈奴人是搶劫上癮的慣犯，他們的內心戲是：

今年遭災，兄弟們過得慘，明年要多搶一點東西才能過上好日子！

於是他們留在北方老家，磨刀餵馬準備著下次作案，這群人就被稱為「北匈奴」。

好馬兒，多吃點！下次搶劫才有力氣！

在匈奴分裂變弱的情況下，劉秀依然沒有跑去攻打北匈奴。
畢竟東漢才剛建立，國家實力還在慢慢恢復，根本擔不起戰敗的風險。

他兒子漢明帝繼位後，接著搞了十幾年的防守政策。
搞得手下的漢軍將士們都煩了，不知道何時才能出去殺敵立功。

🥟 然而他們不會等太久了，戰爭很快就將到來。

倒楣的北匈奴在漢明帝時期，居然再次遭遇自然災害。

而且是連著好幾年的那種，實力又一次被削弱。

雖然劉秀人已歸天，但「好運氣」這個武器依然有效。

🥟 這種「痛打落水狗」的機會，自然是不能再放過了。

西元七三年，漢明帝派出四路大軍攻打北匈奴。

被天災搞得病懨懨的北匈奴人，基本上以逃跑為主。跑不快的，就被漢軍收人頭了。

這場勝利最大的意義不是砍了多少人，而是向西域諸國宣告：強大的漢朝又回來啦！

📖 東漢打贏這場仗後，派了一個手下去出使西域各國。
對於他的名字，大家肯定不陌生 —— 班超。

📖 由於東漢之前開啟全面防守模式時，大多數西域國家都投靠匈奴。
所以，現在誰也不知道那些西域國家還想不想歸順東漢。

萬一人家鐵了心要和匈奴混，
使團豈不是等於羊入虎口？

📖 所以班超這一行人的行程，危險性相當高！

📖 而事實確實如此，班超在旅途的第一站鄯善國就差點送掉性命。
一開始，鄯善國國王很熱情地接待他們，又是送吃的，又是送喝的。

📖 但過了幾天，國王突然變得很冷淡，班超敏銳地感覺到，可能匈奴也叫人來了鄯善。

📖 於是班超虛張聲勢，逮著鄯善國派的僕人一頓嚇唬，說自己早就知道匈奴使者來了，要他坦白從寬。

被唬住的僕人便老實交代匈奴使者的住處。

🎭 班超心想，要是放著不管，估計整個使團都會被鄯善國國王當禮物送給匈奴，還不如拚死一搏，於是班超對手下說了一句千古名言：

🎭 當晚，他們便夜襲匈奴營地，連砍帶燒，直接殺掉幾百人。

第二天早上，班超直接把匈奴使者的腦袋扔到鄯善國國王面前，這傢伙嚇得屁滾尿流，立刻表示願意歸順漢朝。

搞定鄯善國後，班超繼續踏上他的旅途。

每到一處都是恩威並用，說得直白點就是連哄帶嚇唬。

班超花了三十一年，從漢明帝時代，一直到第四位皇帝漢和帝時代，最終讓西域的五十多個國家全部臣服於東漢。

他們答應和漢軍聯手剿滅北匈奴，還派王子到東漢去當人質。

東漢重新掌控西域後，北匈奴人的生活只能用一句話形容——老鼠過街，人人喊打。

往哪裡走都是敵人，四面八方找不到一個朋友。

北匈奴人要靠搶劫過日子，現在去東漢搶劫，東漢叫上五十多個隊友群毆……

他們去搶西域各國，也要被群毆致死，這搶劫的生意還怎麼做？

最終，北匈奴人崩潰了，他們放棄生活千百年的草原，收拾包袱搬家，去了遙遠的中亞地區。

永遠離開漢朝的視野範圍，再也沒有回來過。

北匈奴人出走，南匈奴人臣服……「匈奴」這個令人顫抖的名字，就此成為過去式。

🍤 幾場天災打擊，外加一個藝高人膽大的外交家，東漢順利完成西漢沒能完成的任務。

　　但把視線從草原大漠移回朝廷，就會發現東漢正在重蹈覆轍。

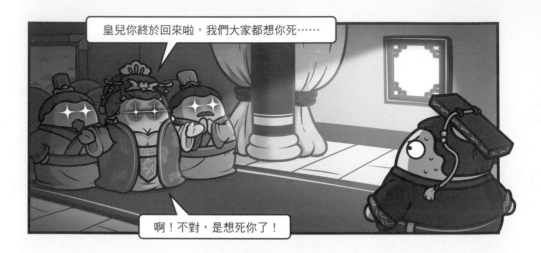

皇兒你終於回來啦，我們大家都想你死……

啊！不對，是想死你了！

🍤 大家還記得西漢時期，霍光隨意廢立皇帝和王莽直接謀朝篡位嗎？
　　他們都屬於外戚，就是皇帝后妃的親戚。

霍光

誰做皇帝，我說了算！

還是自己做皇帝舒服呀！

王莽

🍘 這麼悲慘的教訓擺在跟前，東漢竟然根本沒有吸取經驗。

　　漢和帝在位期間，外戚又一次奪取大權，只不過換個家族登臺 —— 這回是竇氏家族唱主角。

陛下，您喜歡這齣戲嗎？

喜⋯⋯喜歡⋯⋯

🍘 竇氏家族能征善戰，幾代男人都在漢匈戰爭中立過功。

陛下年紀不小了，我特地在族中挑了兩個姿色出眾的姑娘給陛下當妃子。

漢和帝繼位時才十歲，他的養母竇太后臨朝稱制。

竇太后把自己的哥哥、弟弟全都安排到要職上，劉家王朝立刻改姓竇。

竇太后的哥哥竇憲是其中最囂張的一個，他帶領十幾萬人的軍隊，整個邊疆都有他的勢力。

從理論上說，西域各國聽命於東漢。實際上，他們只知竇憲不知皇帝。

🗨 憑藉著這種資本，竇憲不僅對百官發號施令，還敢直接殺掉劉氏皇族的人，比天王老子還要天王老子。

大膽竇憲！你把我皇族置於何地？又把陛下置於何地？

說吧！還有誰有疑問嗎？

當然是置你於死地！

沒……沒有沒有！

🗨 漢和帝長大懂事後，才發現自己基本沒什麼實權。

陛下，竇大人有令，您不得踏出房門半步！

可惡！這個竇老鬼！居然還把朕當小孩耍！

🗨 他當然不甘心只當個擺設，於是密謀要除掉竇氏一族。

有一次，竇憲打勝仗歸來，漢和帝說要當面嘉獎竇氏一族。
但根據朝廷規定，只能竇憲來都城領獎，手下的士兵不能來。

等竇憲高高興興進城，漢和帝叫侍衛把城門一關，抓住竇氏一族，總算暫時解除外戚的威脅。

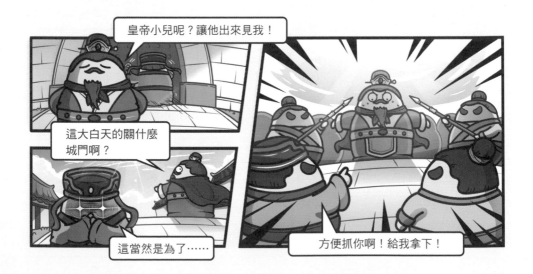

從花瓶變成真皇帝後，漢和帝終於享受到掌權的樂趣。
每天早起上朝，夜夜加班批閱奏章，幹活幹得不亦樂乎。

國家的大事、小事都要過問，特別是關於民生方面的問題。
不管哪裡出現災民，他都會下詔慰問，掏錢給災民買救濟糧。

漢和帝掌權後，匈奴已經不再是老問題，老百姓被照顧得很好，東漢的國力達到巔峰狀態。

　　因為漢和帝的年號是「永元」，所以這個時代被稱為「永元之隆」。

但凡事都要勞逸結合，工作也不能太拚命……

　　由於漢和帝瘋狂透支自己的生命，二十七歲就積勞成疾，然後去世了。

🦴 漢和帝的早死，幾乎讓他對抗外戚的努力前功盡棄。

因為兒子漢殤帝才剛滿三個月，不可能挑起大梁。

🦴 太后和她的親戚們，毫無意外地掌權。

至此，東漢已經無法回頭，在外戚亂政的路上愈走愈遠。

現在很多人，都愛看那種《穿越回〇〇當皇帝》的小說。
可東漢王朝接下來發生的事，絕對會讓大家放棄穿越的念頭。

都說「伴君如伴虎」，說錯一句話就可能被皇帝殺掉。
但東漢正好反過來，皇帝說錯一句話，就要被大臣玩死。

8

東漢篇（下）

從戚宦之爭到軍閥混戰

西元一〇六年，東漢第五位皇帝漢殤帝登基。
　　只有三個多月大的他創造了一個紀錄，成為中國年紀最小的皇帝。

可謂前無古人，後無來者！

很快，他又創下另一項不幸的紀錄……
　　在位僅八個月，他就因一場重病死於襁褓之中，成為史上最短命的中國皇帝。

孟婆，就給他喝一口吧！好歹是個皇帝！

去去去！孩子這麼小都不記事，喝什麼喝！

一般來說，皇帝登基、駕崩這種大事，對國家肯定有影響。

然而，在漢殤帝這個時代壓根沒有什麼影響，反正……

皇帝也不怎麼管事！

漢殤帝從登基到駕崩，只是個要喝奶的小娃娃。

真正管事的，是臨朝聽政的太后鄧綏和她背後的鄧氏家族，外戚又一次權傾朝野了。

既……既然陛下要用膳……
老臣就先行告退了……

不礙事，你繼續說，
哀家和陛下都在聽著呢！

年幼的漢殤帝死後，鄧家又從劉氏皇族中隨便抓一個人出來當皇帝，即東漢第六位皇帝漢安帝。

這個漢安帝也只有十三歲，而且又是鄧家擁立的，自然什麼事都由著鄧家作主。

🍘 所幸鄧家算是外戚中比較老實的，雖然家裡人人都當了大官，但沒有橫行霸道、為非作歹。

每天幫太后處理事務忙到大半夜，哪還有精力搞事情啊……

少說兩句，留點力氣回家休息吧！

🍘 鄧太后同樣比較英明，把國家治理得井井有條，也不怎麼欺負漢安帝，只是單純不讓他管事而已，基本人權還是有保證的。

陛下只負責玩就好了！其他事情交給哀家處理吧！

但這畢竟還是東漢王朝，只要你不姓劉，再英明、再能幹都沒用，照樣有人罵你篡權。

漢安帝成年後，鄧太后依然不願意讓他親政。

於是就有不少大臣在背後講閒話，甚至直接上書，要求鄧太后趕緊退休回後宮待著。

🍥 鄧太后這回就變臉了，把上書的人統統送去養老，自己則賴著不走，要在臨朝聽政的路上幹到底。

🍥 大臣們也拿她沒辦法，直到鄧太后因病去世，漢安帝才在大臣們的支持下消滅了鄧氏家族。

鄧氏家族老實了，但外戚干政的魔咒沒有解除。

之後上臺的皇帝依次是漢順帝、漢沖帝、漢質帝。

大家可能對這幾個人毫無印象，但千萬別懷疑自己歷史課沒學好。

因為他們都是沒有實權的皇帝，被外戚操縱的傀儡。

用今天的話說，他們「不配有名字」，
課本放他們幹嘛？

從某種意義上來說，他們過得比漢安帝更慘。

因為不是每個外戚家族都像鄧氏那樣，只要你的權，不要你的命。

漢質帝登基時才八歲，不過他很聰明伶俐。

他痛恨這幫奪權的外戚，於是某天他在朝堂上接見群臣時，指著外戚的頭頭梁冀說：

照常理說，這時梁冀應該嚇傻了，趕緊跪地認錯求皇帝不殺自己。
但現實正好反過來，梁冀不僅不怕，還暴跳如雷。

梁冀當晚就叫人在漢質帝的點心裡下毒，直接殺了漢質帝。

📖 皇帝說錯一句話就被外戚殺掉，可不可怕？

外戚干政的情況，直到第十一位皇帝漢桓帝在位時才有所改變。

注意哦！是「改變」，
而不是「變好」。

📖 因為漢桓帝為了對付外戚，放出另一群惡狼——宦官。

🗨 宦官就是皇帝身邊的近侍，之前的宦官未必都有身體殘缺。

　　但東漢時期的宦官全部由閹人充當，這是刻意降低宦官的地位，讓皇帝不要和他們太親密。

🗨 但在外戚掌權時，朝中大臣基本上都投靠了外戚，皇帝能依靠的人其實也只有身邊的宦官。

西元一五九年，漢桓帝與五位宦官歃血為盟，要除掉礙眼的外戚。

他們悄悄傳令封鎖宮廷，收走可以調動軍隊的符節，然後帶領親兵包圍梁冀家。

📖 梁冀眼看沒希望了，於是選擇自殺，讓自己死得痛快點。

你永遠都無法親手殺掉我！哈哈哈哈……

📖 事後，五位宦官都因為有功受了重賞，隨後飛黃騰達，成為皇帝面前的大紅人，大臣們都得看他們的臉色行事。

託你們的福！朕終於能過上好日子了！

多虧陛下的信任啊！我們才能過上好日子！

🍡 然而，這五位宦官都不是省油的燈。

他們各個都喜歡欺負百姓，占百姓的地、搶百姓的錢，還玩起買官、賣官的把戲，總之就是把國家搞得烏煙瘴氣。

竟然敢站著撒尿！你在炫耀嗎？

錢！給錢什麼事都辦！

哇！好氣派的房子啊！我要了！

滾！搶你錢是看得起你！

🍡 宦官幹壞事，漢桓帝心裡是知道的。

但每次有人舉報，他只是扣工資、降職，從沒真的拿走宦官手裡的權。

這次你做得太過分了！
朕必須給大家一個交代！

陛……陛下……奴才……

給朕拉下去，今天不准吃肉！

因為他需要宦官當盟友，來打壓隨時有可能復活的外戚勢力。

漢桓帝後的漢靈帝更加依賴宦官，完全不理朝政，什麼事都交給宦官去辦。

漢靈帝最寵的宦官，一個姓張，一個姓趙。

他居然對別人說「張常侍是我爹，趙常侍是我娘」。

皇帝向兩個宦官叫爹娘，還有比這更魔幻的事情嗎？

因為漢靈帝特別中二，朝廷就完全失控了。

為所欲為的宦官和一直以來都想干政的外戚，為了爭權扭打成一片，今天你給我挖坑，明天我給你下套。

🥔 但最終的贏家並非宦官或外戚，而是地方軍閥。

🥔 因為朝廷混亂腐敗，底下的平民無法生活就會造反。

　　西元一八四年，造反達到高潮。

　　幾十萬農民喊著「蒼天已死，黃天當立。歲在甲子，天下大吉」的口號，準備送東漢王朝上路，就是著名的黃巾軍起義。

因為黃巾軍勢力很大，朝廷派去鎮壓的軍隊相繼失敗，全國各地接連告急。漢靈帝終於慌了，外戚和宦官們這下也慌了。

他們決定把軍政大權完全交給各地的地方官，讓地方官可以自己招兵，自己發令指揮，以便盡快鎮壓黃巾軍。

🍡 邁出這一步時，東漢的滅亡已經是命中注定了。

雖然靠著權力下放，地方官們很快剿滅黃巾軍，但他們從此手握重兵，各個都敢不聽朝廷指揮，當起了土皇帝。

還在看《××是怎樣煉成的》？

你那本過氣了！現在圈內都流行這本《皇帝是怎樣煉成的》！

🍡 這些土皇帝裡，最出名的就是董卓。

他於西元一八九年帶兵占領都城，把外戚和宦官一掃而光，挾持九歲的漢獻帝做傀儡。

做皇帝當然應該在都城啊，你說是不是呀，我的陛下？

其他軍閥自然不服：
你董卓可以挾天子發號施令，為什麼我們不行？

於是，各路軍閥紛紛宣布不再聽命於董卓控制的朝廷。
要嘛開始發兵互相攻打，要嘛就是組隊去討伐董卓，準備把漢獻帝搶到自己手裡。

場面之亂完全不亞於幾百年前諸侯混戰的春秋戰國時代。

在東漢苟延殘喘的歲月裡，湧現出一大批英雄和梟雄。

他們的名字，幾乎每個人都很熟悉；他們英勇忠義或狡詐的故事，幾乎每個人都知曉。

歡迎來到三國時代！

【未完待續……】

FUN 系列 092

王朝劇場直播中 2
賽雷三分鐘漫畫中國史【秦朝～東漢】

作　　者 —— 賽雷
主　　編 —— 邱憶伶
責任編輯 —— 陳映儒
行銷企畫 —— 林欣梅
封面設計 —— 兒日
內頁排版 —— 張靜怡

編輯總監 —— 蘇清霖
董 事 長 —— 趙政岷
出 版 者 —— 時報文化出版企業股份有限公司
　　　　　　108019 臺北市和平西路三段 240 號 3 樓
　　　　　　發行專線 —— (02) 2306-6842
　　　　　　讀者服務專線 —— 0800-231-705・(02) 2304-7103
　　　　　　讀者服務傳真 —— (02) 2304-6858
　　　　　　郵撥 —— 19344724 時報文化出版公司
　　　　　　信箱 —— 10899 臺北華江橋郵局第 99 信箱
時報悅讀網 —— http://www.readingtimes.com.tw
電子郵件信箱 —— newstudy@readingtimes.com.tw
時報出版愛讀者粉絲團 —— https://www.facebook.com/readingtimes.2
法律顧問 —— 理律法律事務所　陳長文律師、李念祖律師
印　　刷 —— 華展印刷有限公司
初版一刷 —— 2022 年 12 月 16 日
定　　價 —— 新臺幣 380 元
（缺頁或破損的書，請寄回更換）

時報文化出版公司成立於一九七五年，
一九九九年股票上櫃公開發行，二〇〇八年脫離中時集團非屬旺中，
以「尊重智慧與創意的文化事業」為信念。

王朝劇場直播中 2：賽雷三分鐘漫畫中國史
【秦朝～東漢】／賽雷著 . -- 初版 . -- 臺
北市：時報文化出版企業股份有限公司，
2022.12
224 面；14.8×21 公分 . --（Fun 系列；92）
ISBN 978-626-353-215-1（平裝）

1.CST：中國史　2.CST：通俗史話
3.CST：漫畫

610.9　　　　　　　　　　　111019073

ISBN 978-626-353-215-1
Printed in Taiwan